Studi Biblici
Ministero Internazionale UOMO DI PACE

LA COMPRENSIONE

Rev. F. Martin Kadì

ISBN: 979-8-8391-1288-9

Sommario

1. Impedimenti e restaurazione nel cammino verso la comprensione

Ho registrato ripetutamente questo studio perché ogni volta si sono verificati molteplici problemi. Il diavolo non ha il potere di entrare nel mio computer per cancellare le tracce audio, ma mi ha fatto distrarre e così ho dimenticato di attivare il tasto per registrare. L'opera più grande del diavolo è quella di farci credere che lui ha potere su di noi, ma non dobbiamo dare credito a un demone sconfitto che agisce servendosi dei pensieri e delle fortezze mentali di un credente. Infatti, satana farà di tutto per far pensare una persona nel modo sbagliato ed è proprio nella mente che avviene il combattimento. Ovviamente, anche la carne, dove sappiamo abita il peccato, farà la sua parte, spingendo il credente ad agire contrariamente alla voce dello Spirito Santo che abita nel suo spirito. Il combattimento consiste nel respingere ciò che proviene dalla carne, nella consapevolezza che per vincere è fondamentale vegliare e pregare perché *"lo spirito è pronto, ma la carne è debole"* (Marco 14:38). La spiritualità, come ben sappiamo, viene determinata dal pensiero, *"infatti quelli che sono secondo la carne, pensano alle cose della carne; invece, quelli che sono secondo lo Spirito, pensano alle cose dello Spirito"* (Romani 8:5) e il frutto che ci sarà nella vita di un credente sarà il risultato della comprensione.

Molti sono gli impedimenti di cui la Bibbia parla. Un esempio tra tanti lo troviamo nell'episodio che descrive un miracolo operato dal Signore attraverso Pietro e Giovanni a seguito del quale i sacerdoti proibirono ai due discepoli di continuare a predicare nel nome di Gesù Cristo. I sacerdoti rappresentavano l'autorità spirituale del tempo, ma poiché in quell'occasione si erano opposti alla Parola di Dio, Pietro e Giovanni dovettero fare una scelta radicale che li portò a prendere una posizione molto chiara:

> **Atti 4:19** *Ma Pietro e Giovanni risposero loro: "Giudicate voi se è giusto, davanti a Dio, ubbidire a voi anziché a Dio".*

Entrambi erano angosciati perché erano stati minacciati proprio dalle autorità delegate da Dio con le quali si dovettero confrontare. Sgomenti e impauriti per quanto era avvenuto, iniziarono a pregare, chiedendo al Signore l'unzione e il coraggio necessario per poter predicare la Sua Parola con franchezza:

> **Atti 4:29-30** *"Adesso, Signore, considera le loro minacce, e concedi ai tuoi servi di annunciare la tua Parola in tutta franchezza, stendendo la tua mano per guarire, perché si facciano segni e prodigi mediante il nome del tuo santo servitore Gesù".*

È molto importante per la chiesa vedere i segni e i prodigi che la potenza di Dio realizza, ma prima di poter giungere a questo livello e riuscire a pregare come Pietro e Giovanni fecero, bisogna permettere al Signore di operare una profonda restaurazione nella propria vita.

Consideriamo ad esempio come Gesù dovette riabilitare Pietro, che dopo la resurrezione di Gesù, si trovò in una condizione di così grande scoraggiamento da lasciare ogni cosa per ritornare alla sua vecchia occupazione: la pesca. Nella sua vita non si era ancora manifestata la potenza di Dio; di conseguenza il discepolo non riusciva a fare ciò che Gesù aveva fatto durante i tre anni del suo ministerio sulla terra. Frustrato, fallito e con un profondo senso di colpa per aver tradito Gesù, Pietro si era arreso e aveva abbandonato la sua chiamata convinto di non essere stato all'altezza del compito che Gesù gli aveva affidato. Gesù dovette dunque riabilitarlo e restaurare la sua vita per farlo ritornare nella sua perfetta volontà.

L'esperienza vissuta da Pietro è ciò che accade in qualche modo a ognuno di noi quando siamo delusi di noi stessi, degli altri, ma soprattutto quando pensiamo di aver deluso il Signore a causa di scelte e azioni sbagliate che abbiamo commesso. Il Signore però non sceglie i migliori ma gli stolti, i disperati, i deboli per dimostrare la Sua gloria e tra questi ci siamo anche noi!

Così, mentre Pietro pescava, sulla spiaggia, Gesù gli apparve di nuovo e rivolgendosi al ministro di Dio, non al semplice credente, gli chiese per ben tre volte: *"Simone di Giovanni, mi ami?"* (Giovanni 21:16) e dopo la terza risposta affermativa di Pietro *"Gesù gli disse: 'Pasci le mie pecore'"* (Giovanni 21:17).

2. Pascere le pecore del Signore con sapienza e conoscenza

Cerchiamo di capire cosa vuol dire pascere le pecore del Signore:

Geremia 3:15 *Vi darò quindi pastori secondo il mio cuore, che vi pasceranno con conoscenza e con sapienza.*

Un ministro che desidera servire e compiacere il Signore deve avere due caratteristiche fondamentali attraverso le quali potrà dimostrare a Dio di amarlo davvero: conoscenza e sapienza che gli permetteranno di pascere adeguatamente il Suo popolo. Dio non chiede al ministro di fare miracoli e prodigi, perché questi segni confermano e seguono ogni predicazione di fede; ciò che Dio desidera è che il suo popolo sia cibato e istruito in modo appropriato. Possiamo dimostrare a Dio quanto lo amiamo predicando la Sua Parola. Un servo che desidera essere un uomo secondo il cuore di Dio (vedi Atti 13:22) si deve impegnare nel ricercare conoscenza e sapienza. Questo principio spirituale è di fondamentale importanza, infatti Dio stesso dichiara: *"il mio popolo perisce per mancanza di conoscenza"* (Osea 4:6). Se dunque un ministro ama davvero Dio, si impegnerà in ogni modo per accrescere la sua conoscenza e ciò comporterà, come conseguenza, che la sua potenza aumenterà. Il frutto che il ministro porterà sarà determinato dalla comprensione che trasmetterà agli altri; infatti, non è possibile acquisire conoscenza senza la comprensione di quanto viene predicato. Naturalmente affinché un ministro possa insegnare ad altri un qualunque principio spirituale che è parte della conoscenza di Dio, dovrà prima averlo compreso correttamente.

È importante portare anime a Cristo, ma se amiamo Dio dobbiamo pascere le sue pecore dando loro cibo buono da mangiare. Quando portiamo una persona a Cristo e questa si converte, siamo noi a doverle dare il primo cibo spirituale. Infatti, le pecore appena nate si nutriranno inizialmente del latte dalle altre pecore, poi potranno nutrirsi con del cibo solido che sarà loro dato dai pastori, ma inizialmente siamo noi ad avere questa responsabilità.

Il soprannaturale è importante, ma ancor di più lo è la conoscenza. Il soprannaturale risolve un problema del presente, mentre la conoscenza apre la porta al futuro di Dio. Senza conoscenza saremo come il popolo di Israele che morì nel deserto; se dunque amiamo Dio lo dovremo dimostrare impegnandoci per acquisire conoscenza e sapienza. La sapienza è la parte pratica della conoscenza: un ministro deve trasmettere quella conoscenza che diviene informazione, ma poi deve anche insegnare come mettere in pratica la conoscenza acquisita.

> **Matteo 7:24** *Perciò, chiunque ascolta queste mie parole e le mette in pratica, io lo paragono ad un uomo avveduto, che ha edificato la sua casa sopra la roccia.*

La conoscenza ci dà l'intelligenza, mentre la sapienza ci permette di mettere in pratica la parola di Dio e, facendolo, dimostrare con i fatti che è la verità

3. Cos'è la comprensione

Per definizione "la comprensione" è l'atto, la capacità di capire, cioè di afferrare con la ragione un contenuto conoscitivo. Se dunque vogliamo afferrare la conoscenza abbiamo bisogno della comprensione.

> **Isaia 1:3** *"Il bue riconosce il suo proprietario e l'asino la mangiatoia del suo padrone, ma Israele non ha conoscenza e il mio popolo non ha intendimento".*

Interessante che parlando del proprietario e del cibo il testo biblico afferma: *"ma Israele non ha conoscenza"*, non conosce il proprietario e di conseguenza *"non ha intendimento"*. Il termine intendimento viene dall'ebraico בִּין [bin] e vuol dire: comprensione; chi dunque non ha intendimento, non ha comprensione. La comprensione invece ci permette di avere conoscenza; attraverso la conoscenza possiamo conoscere Dio mentre la comprensione ci permette di nutrirci mettendo in pratica la Parola di Dio. Infatti, Gesù disse ai suoi discepoli: *"Il mio cibo è fare la volontà di colui che mi ha mandato e di compiere l'opera sua"* (Giovanni 4:34). Gesù disse che coloro che ascoltano la Parola e la comprendono portano *"frutto dando il cento, il sessanta, il trenta per uno"* (Matteo 13:8). Comprendere che siamo i tralci della vite che è Cristo ci permetterà di restare attaccati alla vite; di conseguenza quando comprenderemo la Parola, la natura di Dio potrà scorrere dentro di noi.

2 Pietro 1:3-4 *Poiché la sua divina potenza ci ha donato tutte le cose che appartengono alla vita e alla pietà, per mezzo della conoscenza di colui che ci ha chiamati mediante la sua gloria e virtù, attraverso le quali ci sono donate le preziose e grandissime promesse, affinché per mezzo di esse diventiate partecipi della natura divina...*

Quando invece non si comprende la Parola avverrà esattamente il contrario e di conseguenza il diavolo non solo potrà rubare qualcosa di prezioso dal nostro cuore, ma in aggiunta, non riuscendo a ricevere le sue *"preziose e grandissime promesse"* non potremo essere partecipi della natura di Dio.

4. Dalla meditazione alla comprensione: l'esempio di Daniele

Se non avremo comprensione non potremo acquisire conoscenza. Sappiamo che la conoscenza viene dalla meditazione, perché la meditazione è quell'attitudine che ci permette di comprendere e acquistare conoscenza. Vediamo questo concetto nell'Antico Testamento:

Salmo 119:99 *Ho più conoscenza di tutti i miei maestri, perché le tue testimonianze sono la mia meditazione.*

"Tutti i miei maestri" a cui fa riferimento il salmista erano probabilmente studiosi che però non meditavano la Parola di Dio. Sono convinto che la meditazione sia la chiave attraverso cui Dio ci apra la mente per comprendere le scritture come possiamo osservare nella vita dei discepoli.

Daniele 1:17 *A questi quattro giovani Dio diede di conoscere e comprendere ogni scrittura e ogni saggezza.*

Daniele aveva il dono di interpretare ogni specie di visioni e di sogni.

Dio operò nella vita di Daniele e dei suoi amici dando loro la capacità di comprendere e conoscere; ricordiamo che il preludio della conoscenza è sempre la comprensione che nasce dalla meditazione della Parola di Dio, qualcosa che Daniele faceva abitualmente come possiamo leggere nel seguente brano:

Daniele 9:2 *Il primo anno del suo regno, io, Daniele, meditando sui libri, vidi che il numero degli anni di cui il SIGNORE aveva parlato al profeta Geremia e durante i quali Gerusalemme doveva essere in rovina, era di settant'anni.*

Il termine originale corrispondente alla parola "meditando" è *bin*, lo stesso termine che abbiamo precedentemente trovato e che vuol dire appunto: comprendendo. Daniele aveva acquisito la capacità di conoscere la volontà di Dio perché il Signore gli aveva precedentemente aperto la mente per comprendere e in seguito, meditando il libro di Geremia, il profeta riuscì a capire il messaggio che Dio gli stava trasmettendo. Meditando allora comprenderemo; avendo compreso conosceremo, e una volta che avremo conosciuto saremo partecipi della natura di Dio e il diavolo non ci potrà rubare nulla, non ci potrà uccidere né distruggere.

La comprensione è una facoltà della mente, quando comprendiamo allora conosceremo, e la conoscenza ci porterà verso la libertà. Quando ci sono dei combattimenti questo avviene a causa del passato che influenza il nostro presente. Quando però decidiamo di chiudere con il passato perché comprendiamo come stanno le cose, allora vivremo bene anche nel presente. Per avere il futuro di Dio dobbiamo rinnovare la mente. Comprendendo la Parola acquisiremo la conoscenza che produrrà il processo del rinnovamento della mente: ogni scelta che faremo con la mente rinnovata ci garantirà un futuro migliore. Quando preghiamo nello spirito, la nostra mente non comprenderà ma saremo edificati nella nostra fede:

> **Giuda 20** *Ma voi, carissimi, edificando voi stessi nella vostra santissima fede, pregando mediante lo Spirito Santo.*

Pregare in lingue non basta perché abbiamo anche bisogno di quella fede che proviene dall'udire e dal comprendere la Parola di Dio.

5. Ancorare il cuore al cielo per comprendere

Il processo che fa raggiungere la comprensione nasce dalla meditazione sia nell'Antico che nel Nuovo Testamento ma poiché i credenti nelle epoche passate non avevano lo Spirito Santo come lo abbiamo noi oggi, avevano bisogno di un messaggero, un angelo, che portasse loro la Parola dal cielo. Oggi noi abbiamo lo Spirito Santo e non abbiamo bisogno di maestri; l'angelo non appare più per spiegarci qualcosa, perché abbiamo a disposizione l'unzione che è in noi che ci insegnerà ogni cosa:

> **1 Giovanni 2:27** *Ma quanto a voi, l'unzione che avete ricevuta da lui rimane in voi, e non avete bisogno dell'insegnamento di nessuno; ma siccome la sua unzione vi insegna ogni cosa ed è veritiera, e non è menzogna, rimanete in lui come essa vi ha insegnato.*

Possiamo osservare l'attività angelicale nella vita di Daniele:

> **Daniele 9:21** *Mentre stavo ancora parlando in preghiera, quell'uomo, Gabriele, che avevo visto prima nella visione, mandato con rapido volo, si avvicinò a me all'ora dell'offerta della sera.*

Interessante e non casuale che l'arcangelo si avvicinò a Daniele nell'ora dell'offerta: infatti, quando facciamo un'offerta al Signore, praticamente ancoriamo il nostro cuore nelle cose del cielo, *"perché dov'è il tuo tesoro, lì sarà anche il tuo cuore"* (Matteo 6:21) e sappiamo che lo Spirito Santo lavora per mezzo del cuore dell'uomo. Anche Salomone a Gabaon fece un'offerta eccellente di mille olocausti e come conseguenza immediata di quella offerta Dio gli apparve in sogno:

> **1 Re 3:4-5** *Il re si recò a Gabaon per offrirvi sacrifici, perché quello era il principale fra gli alti luoghi; e su quell'altare Salomone offrì mille olocausti. A Gabaon, il* SIGNORE *apparve di notte, in sogno, a Salomone. Dio gli disse: "Chiedi ciò che vuoi che io ti conceda".*

Il seguente episodio biblico ci aiuta a comprendere chiaramente che l'angelo apparve a Daniele nell'ora dell'offerta perché il messaggio di Dio doveva arrivare al suo cuore e questo è ciò che avviene anche oggi quando un credente ancora il suo cuore al cielo attraverso l'offerta, proprio come fece Salomone.

> **Daniele 9:22-23** *Egli mi rivolse la parola e disse: "Daniele, io sono venuto perché tu possa comprendere. Quando hai cominciato a pregare c'è stata una risposta e io sono venuto a comunicartela, perché tu sei molto amato. Fa' dunque attenzione al messaggio e comprendi la visione".*

6. Comprendere attraverso la Parola che ci comprende

Molto interessante che mentre noi esseri umani siamo carne e possiamo comprendere Dio solo grazie alla Sua Parola, Gesù, la Parola, decise invece di diventare carne come noi per comprendere la nostra condizione in modo completo. Questo gesto di straordinario amore è la garanzia per tutti noi che Gesù potrà sempre comprendere il nostro dolore e la nostra condizione, non solo in virtù della sua onniscienza ma per aver sperimentato, durante la sua permanenza sulla terra, qualunque genere di dolore in prima persona. Infatti, possiamo leggere:

> **Isaia 53:3** *Disprezzato e rigettato dagli uomini, uomo dei dolori, conoscitore della sofferenza...*

Gesù sperimentò la sofferenza fin dal grembo di sua madre, ecco perché è l'unica persona capace di comprendere davvero tutto ciò che potrà accadere nel percorso della nostra esistenza, avendo affrontato tutte le difficoltà ed esperienze che si possono vivere su questa terra. Gesù soffrì il dolore del rigetto fin dal grembo materno del tradimento, del disprezzo e di quant'altro potremmo aggiungere, ecco perché può comprendere qualunque nostro dolore. Gesù fu disprezzato non solo prima di nascere ma anche prima di morire. Infatti, possiamo leggere che:

> **Matteo 1:18-19** *La nascita di Gesù Cristo avvenne in questo modo. Maria, sua madre, era stata promessa sposa a Giuseppe e, prima che fossero venuti a stare insieme, si trovò incinta per opera dello Spirito Santo. Giuseppe, suo marito, che era uomo giusto e non voleva esporla a infamia, si propose di lasciarla segretamente.*

Giuseppe era un uomo giusto e molto intelligente; quando Maria gli comunicò di essere incinta non reagì istintivamente ma meditò, cercando di comprendere razionalmente un evento soprannaturale ma senza riuscirci, perché la mente razionale non può comprendere le cose spirituali. Ecco che allora un angelo del Signore gli apparve in sogno portando un messaggio da parte di Dio che aiutò Giuseppe a comprendere quello che era successo e in aggiunta gli suggerì cosa dover fare:

Matteo 1:20 ... *"Giuseppe, figlio di Davide, non temere di prendere con te Maria, tua moglie; perché ciò che in lei è generato, viene dallo Spirito Santo".*

Giuseppe vedendo l'angelo comprese, decise di credere alle sue parole e agì di conseguenza. Tuttavia, Maria aveva in qualche modo percepito inconsciamente il pensiero che Giuseppe aveva meditato di lasciarla in segreto. Di conseguenza anche il bimbo nel suo grembo ne fu influenzato. Infatti, il primo sentimento percepito da Gesù, oltre alla gioia di Maria quando scoprì di essere incinta, fu il rigetto del padre Giuseppe che avvertì fin dal grembo materno. Ecco perché Gesù ci può comprendere sempre, per aver vissuto in prima persona ciò che molti hanno vissuto. Il problema è che siamo noi che spesso non comprendiamo Dio e questo avviene quando non conosciamo la Sua Parola. Ecco perché è così importante che impariamo a comprenderla per imparare a comprendere Dio per mezzo della Sua Parola.

Isaia 1:3 *"...ma Israele non ha conoscenza, il mio popolo non ha intendimento".*

Gesù diventò come noi per comprenderci; adesso spetta a noi diventare spirituali come Dio per comprenderlo per mezzo della Parola che ci rende partecipi della Sua natura.

Marco 14:26 *Dopo che ebbero cantato l'inno, uscirono per andare al monte degli Ulivi.*

Dobbiamo prestare particolare attenzione al contesto che parla di riempirsi dello Spirito Santo (cosa che avviene lodando e cantando al Signore) e della Parola che è la spada dello Spirito Santo.

Marco 14:27 *E Gesù disse loro: "Voi tutti sarete scandalizzati di me questa notte, perché sta scritto: 'Percuoterò il Pastore e le pecore saranno disperse'".*

Questo versetto ci fa comprendere che dopo aver lodato, lo Spirito Santo portò una parola a Gesù e gli fece comprendere che tutti coloro che pensavano di essere suoi amici sarebbero scappati via di fronte alle difficoltà e la stessa cosa potrà succedere anche a noi. Prima o poi capiterà a chiunque di sentirsi come si sentì Gesù di fronte alla delusione di coloro che dovevano sostenerlo ma non lo fecero. Quante volte coloro ai quali abbiamo dato tanto amore e aiuto ci voltano le spalle proprio nei momenti più critici della nostra vita e decidono di allontanarsi senza dire nulla. Gesù sperimentò l'abbandono, la delusione, il dolore e dunque può davvero capire chiunque vive una situazione dolorosa e difficile.

Marco 14:50 *Allora tutti, lasciatolo, se ne fuggirono.*

Gesù fu tradito e crocifisso e queste furono le sue ultime parole prima di morire:

Marco 15:34 *All'ora nona, Gesù gridò a gran voce: "Eloì, Eloì lammà sabactàni?" che, tradotto, vuol dire: "Dio mio, Dio mio, perché mi hai abbandonato?"*

Probabilmente a livello inconscio sulla croce Gesù stava rivivendo la scena dell'abbandono vissuto da parte del padre terreno quando era ancora nel grembo materno. Ancora una volta, prima di morire, Gesù sperimentò quel doloroso senso di abbandono e separazione da parte del suo Papà celeste. In realtà Dio non lo aveva abbandonato: Gesù stava provando quel sentimento perché viveva una condizione di separazione da Dio a motivo del peccato di tutta l'umanità di cui si era caricato prendendolo su di sé. Infatti, sappiamo che il peccato ci separa da Dio ma sappiamo altresì che la Parola dichiara che Dio non ci abbandonerà mai, sarà con noi fino alla fine, fino al nostro ultimo respiro e lo stesso fece con Gesù: *"perché Dio stesso ha detto: 'Io non ti lascerò e non ti abbandonerò'"* (Ebrei 13:5).

Il problema è che quando noi non comprendiamo perché siamo sopraffatti dai sentimenti, non ci rendiamo conto che Dio è sempre vicino a noi, soprattutto nei momenti più difficili. Gesù sperimentò appieno la natura dell'uomo per poter capire ciò che tutti noi proviamo, in qualunque circostanza. Non c'è problema che Dio non possa capire, non c'è stato d'animo che Lui non abbia vissuto.

Ministrando su credenti provenienti da ogni parte d'Italia, ho capito che tante persone alla domanda: "com'è Gesù per te?" non riescono a dare una risposta chiara e non riescono a definire Gesù, perché sono arrabbiate con Dio, perché credono, erroneamente, che sia stato proprio Dio ad aver causato il male che hanno vissuto o che in qualche modo Dio non sia comunque intervenuto in loro aiuto per evitare delle conseguenze dolorose. Queste persone sono accecate dal diavolo che vuole distruggere la loro vita e si serve della loro mancanza di conoscenza per farlo. Inoltre, non si rendono conto che un demone sconfitto li inganna facendo loro credere che l'autore di tutto il male che hanno vissuto sia Dio e che a Dio, quindi, non importa nulla di ciò che accade loro.

La verità che la Bibbia ci insegna è invece esattamente il contrario. Infatti, Gesù ha amato così tanto ognuno di noi da scegliere liberamente di morire su una croce al posto nostro! Gesù comprende perfettamente tutto il nostro dolore perché sperimentò il dolore dell'abbandono prima di venire sulla terra e anche prima di ritornare in cielo, ma ci ama *"di un amore eterno"* (Geremia 31:3) perfetto e desidera che comprendiamo e crediamo a questa verità. Gesù è il solo che ci comprenderà sempre e non ci ferirà mai, come tante persone possono aver fatto in passato; Gesù conosce perfettamente quali sono i nostri bisogni, quello che non abbiamo ricevuto dagli altri e desidera farci ricevere tutte le sue benedizioni ma affinché questo sia possibile dobbiamo imparare a comprendere.

7. La comprensione terrena

Comprendere è molto importante e questo processo nasce dall'ascoltare. Ci sono due tipi di comprensione nella Bibbia, tradotti con due parole diverse: una terrena e una spirituale, ma entrambe sono determinate dall'attenzione che presteremo nell'ascoltare un messaggio e dal valore che gli daremo. Se invece sottovalutiamo e non diamo importanza alla Parola di Dio, non potremo comprendere il messaggio che il Signore desidera trasmetterci.

Il primo termine dal greco καταλαμβάνω [katalambano] vuol dire: comprendere, afferrare, ottenere, conquistare, capire. Si riferisce alla comprensione terrena che nasce dallo sforzo umano e che si può applicare anche per comprendere le visioni che si ricevono dal Signore. Troviamo un esempio di questo termine nel seguente versetto biblico:

> **Filippesi 3:12** *Non che io abbia già ottenuto tutto questo o sia già arrivato alla perfezione; ma proseguo il cammino per cercare di afferrare* [katalambano] *ciò per cui sono anche stato afferrato* [katalambano] *da Cristo Gesù.*

Nel contesto di riferimento il termine *katalambano* viene applicato allo sport; quindi, è chiaro il collegamento con lo sforzo umano. Questo tipo di comprensione non permette di essere attaccati alla vite e portare frutto. Infatti, questo termine fa riferimento a una facoltà intellettiva che appartiene sia ai figli di Dio che ai non credenti come possiamo dedurre dal seguente passo:

> **Atti 4:13** *Essi, vista la franchezza di Pietro e di Giovanni, si meravigliavano, avendo capito* [katalambano] *che erano popolani senza istruzione; riconoscevano che erano stati con Gesù...*

Quelle persone avevano capito che Pietro e Giovanni erano stati con Gesù, perché avevano parlato come persone colte, sebbene fossero ignoranti. Non dimentichiamo che Gesù era una comune persona laica, non proveniva da alcuna scuola teologica.

Atti 10:34 *Allora Pietro, cominciando a parlare, disse: "In verità comprendo [katalambano] che Dio non ha riguardi personali".*

Il contesto in cui questo versetto è inserito è quello relativo alla visione che Pietro ebbe di una tovaglia contenente ogni sorta di animali impuri che per ben tre volte scese dal cielo. Attraverso quella visione Dio desiderava far comprendere a Pietro che non c'era differenza tra il popolo d'Israele e i pagani. Il discepolo comprese la visione celeste con la propria mente umana, non per mezzo della comprensione spirituale. Infatti, se avesse compreso spiritualmente, in seguito non si sarebbe allontanato dai pagani come invece fece obbligando l'apostolo Paolo a richiamarlo pubblicamente nella seguente occasione:

Galati 2:11-14 *Ma quando Cefa venne ad Antiochia, gli resistei in faccia perché era da condannare. Infatti, prima che fossero venuti alcuni da parte di Giacomo, egli mangiava con persone non giudaiche; ma quando quelli furono arrivati, cominciò a ritirarsi e a separarsi per timore dei circoncisi. E anche gli altri Giudei si misero a simulare con lui; a tal punto che perfino Barnaba fu trascinato dalla loro ipocrisia. Ma quando vidi che non camminavano rettamente secondo la verità del vangelo, dissi a Cefa in presenza di tutti: "Se tu, che sei giudeo, vivi alla maniera degli stranieri e non dei Giudei, come mai costringi gli stranieri a vivere come i Giudei?"*

Infatti, se avesse compreso con la mente spirituale, di fronte a quella situazione, non si sarebbe tirato indietro separandosi dai pagani per timore dei giudei circoncisi. Questo esempio dimostra perfettamente che la comprensione naturale non porta frutto, a differenza della comprensione spirituale che invece porta frutto duraturo perché è una comprensione che proviene dallo Spirito Santo. Questo accade perché:

> **Giovanni 1:5** *La luce splende nelle tenebre, e le tenebre non l'hanno compresa* [katalambano].

Ovviamente le tenebre non possono comprendere le cose di Dio, spiritualmente parlando, perché nelle tenebre non c'è la presenza dello Spirito Santo.

8. La comprensione spirituale

L'altro termine che in greco traduce comprensione è: συνίημι [suniemi] e abbraccia i seguenti significati: comprendere, capire, intendere. Questo termine si riferisce alla comprensione spirituale che è determinata dallo Spirito Santo e che pertanto produce frutto nella vita del credente, anche se in percentuali diverse:

> **Matteo 13:23** *"Ma quello che ha ricevuto il seme in terra buona è colui che ode la parola e la comprende; egli porta del frutto e, così, l'uno rende il cento, l'altro il sessanta e l'altro il trenta".*

Quanto frutto produrremo dipenderà da quanta Parola di Dio semineremo nel nostro cuore, ascoltandola e comprendendola attraverso la meditazione personale. Analizziamo ora alcuni esempi biblici in cui compare il termine *suniemi*.

a. L'esempio di Mosè

> **Atti 7:22** *Mosè fu istruito in tutta la sapienza degli Egiziani e divenne potente in parole e opere.*

Interessante che quando Mosè fu chiamato da Dio dichiarò di non saper parlare:

> **Esodo 4:10** *Mosè disse al SIGNORE: "Ahimè, Signore, io non sono un oratore; non lo ero in passato e non lo sono da quando tu hai parlato al tuo servo; poiché io sono lento di parola e di lingua".*

La Bibbia invece dice chiaramente che Mosè era *"potente in parole"*. Spesso Dio ci deve portare al punto di arresa totale alla Sua volontà. Questo accade prevalentemente con credenti pieni di sé stessi a motivo della cultura, della conoscenza acquisita e quant'altro. Dio potrà lavorare con il credente solo quando questi deciderà di arrendersi completamente al Signore. Il problema è che molti raggiungono questo punto di arresa solo dopo aver sbattuto così violentemente contro la malvagità che c'è nel mondo da essere completamente rotti interiormente. Naturalmente ciò che queste persone vivono non è mai qualcosa che avviene per colpa di Dio ma è il risultato della loro caparbietà nel voler percorrere le proprie vie piuttosto che ricercare la volontà di Dio e metterla in pratica.

> **Atti 7:23** *Ma quando raggiunse l'età di quarant'anni, gli venne in animo di andare a visitare i suoi fratelli, i figli di Israele.*

Quel forte desiderio non nasceva dal cuore di Mosè, ma era stato suscitato in lui da Dio e di conseguenza si era radicato nella sua anima, *"infatti è Dio che produce in voi il volere e l'agire, secondo il suo disegno benevolo"* (Filippesi 2:13).

Atti 7:24-25 *Vedendo che uno di loro era maltrattato, ne prese le difese e vendicò l'oppresso, colpendo a morte l'Egiziano. Or egli pensava che i suoi fratelli avrebbero capito [suniemi] che Dio voleva salvarli per mano di lui; ma essi non compresero [suniemi].*

I suoi fratelli non compresero (spiritualmente) il gesto di Mosè perché non era possibile poter comprendere un gesto fatto nella carne che non era stato guidato da Dio. Analogamente, ogni volta che ascoltiamo una predica fatta nella carne, questa non ci permetterà di comprendere: un'azione nella carne non ci porterà mai alla comprensione spirituale. Infatti, lo Spirito Santo attira lo spirito dell'uomo mentre la carne attira la carne. Nonostante Mosè avesse una buona motivazione agì nella carne e pertanto raccolse soltanto incomprensione da parte dei suoi fratelli che gli dissero:

Atti 7:27-28 *Ma quello che faceva torto al suo prossimo lo respinse, dicendo: "Chi ti ha costituito capo e giudice su di noi? Vuoi uccidere me come ieri uccidesti l'Egiziano"?*

Tristemente molti sono i credenti che vanno via dalla propria comunità, seppur spinti da valide motivazioni, senza considerare che i veri discepoli si recano in un luogo per il Signore, certamente non per gli uomini. Coloro che abbandonano una comunità per colpa degli uomini dimostrano semplicemente di non essere mai andati in chiesa per amore verso il Signore e di aver agito nella carne.

b. L'esempio dei discepoli sulla via di Emmaus

Efesini 5:17-18 *Non siate perciò disavveduti, ma intendete quale sia la volontà del Signore. E non vi inebriate di vino, nel quale vi è dissolutezza, ma siate ripieni di Spirito.*

Se desideriamo comprendere spiritualmente attraverso lo Spirito Santo che ci permette di portare frutto, dobbiamo necessariamente riempirci dello Spirito Santo.

> **Luca 24:13-24** *Due di loro se ne andavano in quello stesso giorno a un villaggio di nome Emmaus, distante da Gerusalemme sessanta stadi; e parlavano tra di loro di tutte le cose che erano accadute. Mentre discorrevano e discutevano insieme, Gesù stesso si avvicinò e cominciò a camminare con loro. Ma i loro occhi erano impediti a tal punto che non lo riconoscevano. Egli domandò loro: "Di che discorrete fra di voi lungo il cammino?" Ed essi si fermarono tutti tristi. Uno dei due, che si chiamava Cleopa, gli rispose: "Tu solo, tra i forestieri, stando in Gerusalemme, non hai saputo le cose che vi sono accadute in questi giorni?" Egli disse loro: "Quali?" Essi gli risposero: "Il fatto di Gesù Nazareno, che era un profeta potente in opere e in parole davanti a Dio e a tutto il popolo; come i capi dei sacerdoti e i nostri magistrati lo hanno fatto condannare a morte e lo hanno crocifisso. Noi speravamo che fosse lui che avrebbe liberato Israele; invece, con tutto ciò, ecco il terzo giorno da quando sono accadute queste cose. È vero che certe donne tra di noi ci hanno fatto stupire; andate la mattina di buon'ora al sepolcro, non hanno trovato il suo corpo, e sono ritornate dicendo di aver avuto anche una visione di angeli, i quali dicono che egli è vivo. Alcuni dei nostri sono andati al sepolcro e hanno trovato tutto come avevano detto le donne; ma lui non lo hanno visto".*

In questo brano troviamo due discepoli che, tristi e scoraggiati a motivo della morte di Gesù, stavano ritornando nel proprio villaggio, Emmaus. In realtà entrambi non avevano creduto alle parole di Gesù che aveva loro ordinato di restare insieme agli altri discepoli a Gerusalemme per aspettare che la potenza dello

Spirito Santo scendesse su di loro (vedi Atti 1:4,8). Sappiamo che quello straordinario evento soprannaturale avvenne il giorno di Pentecoste ma i due uomini, increduli, avevano deciso di andare via, voltando le spalle alla chiamata di Dio per la loro vita. Gesù apparve loro mentre si trovavano sulla via di Emmaus, proprio nel momento in cui erano sopraffatti dalla tristezza e domandò loro perché fossero così tristi. Gesù voleva spingerli ad aprire il loro cuore a Dio affinché, raccontando ogni cosa, potessero buttare fuori tutta l'amarezza che li aveva bloccati così da poter rientrare in sé stessi e permettere a Dio di raddrizzare il loro cammino. Dopo averli ascoltati Gesù disse loro delle parole molto dure ma necessarie affinché comprendessero quale fosse la condizione del cuore a motivo della quale non potevano comprendere e di conseguenza neanche conoscere.

> **Luca 24:25-27** *Allora Gesù disse loro: "O insensati e lenti di cuore a credere a tutte le cose che i profeti hanno dette! Non doveva il Cristo soffrire tutto ciò ed entrare nella sua gloria?" E, cominciando da Mosè e da tutti i profeti, spiegò loro in tutte le Scritture le cose che lo riguardavano.*

Dicendo: *"O insensati e lenti di cuore a credere"* Gesù stava loro spiegando che non avevano compreso perché nel loro cuore c'era un problema: l'incredulità. A motivo di quella fortezza non avevano potuto credere *"a tutte le cose che i profeti"* avevano detto, incluso le sofferenze che Gesù Cristo avrebbe dovuto affrontare per *"entrare nella sua gloria"*. La scelta di credere è una decisione personale che ognuno di noi deve fare consapevolmente dopo aver meditato le scritture. Così, per guidarli verso la meditazione, Gesù iniziò a parlare loro delle scritture *"cominciando da Mosè"* (che rappresenta la Parola scritta, quella che possiamo leggere) proseguendo con *"tutti i profeti"* (che rappresentano tutto ciò che possiamo ascoltare relativamente al Signore).

Osservando la condotta di Daniele, potremo imparare qualcosa che ci aiuterà ad acquisire l'attitudine giusta per poter approcciare il mondo spirituale in modo efficace, così da poter conseguire risultati concreti che porteranno frutto e cambiamento nella nostra vita. Daniele leggeva sempre le scritture meditandole accuratamente per comprendere cosa Dio volesse dirgli e inoltre ascoltò attentamente l'angelo quando Dio lo inviò per portargli un messaggio da parte Sua. Stesso percorso possiamo seguire noi leggendo e meditando la Parola di Dio, ascoltando con cura ciò che lo Spirito Santo ci dirà. Questi due processi sono fondamentali: quando vediamo e ascoltiamo bene permetteremo a Dio di depositare la verità nel nostro cuore e questo produrrà la comprensione che nasce esattamente da ciò che vediamo e ascoltiamo.

Così Gesù proseguì ammaestrando i due discepoli spiegando *"loro in tutte le Scritture le cose che lo riguardavano"*.

> **Luca 24:30-31** *Quando fu a tavola con loro prese il pane, lo benedisse, lo spezzò e lo diede loro. Allora i loro occhi furono aperti e lo riconobbero; ma egli scomparve alla loro vista.*

Interessante che Gesù non aprì gli occhi dei discepoli, ma *"i loro occhi furono aperti"* quando Gesù prese il pane. Infatti, il gesto di spezzare il pane ricordò loro dell'ultima cena a cui avevano partecipato trascorrendo del tempo nell'intimità con il Signore. In quell'occasione Gesù aveva benedetto e spezzato il pane dicendo: *"Questo è il mio corpo che è dato per voi; fate questo in memoria di me"* (Luca 22:19). Poiché la nostra mente associa le immagini attraverso un processo di dualismo, quando i discepoli videro il pane, allora credettero a quello che Gesù aveva loro detto e di conseguenza i loro occhi si aprirono. I loro occhi si aprirono perché scelsero di credere con il cuore: questo è il processo attraverso cui si muove la nostra mente. Tuttavia, affinché i discepoli potessero credere con il cuore, Gesù dovette fare qualcosa per loro: spiegargli le scritture.

> **Luca 24:32** *Ed essi dissero l'uno all'altro: "Non sentivamo forse ardere il cuore dentro di noi mentr'egli ci parlava per la via e ci spiegava le Scritture?"*

Così, se anche noi desideriamo che Dio ci apra la mente per comprendere le Scritture, abbiamo bisogno che Dio ci metta accanto qualcuno che ci apra le Scritture. Successivamente, dopo aver ascoltato colui che ci avrà aperto le scritture, dovremo decidere di ritornare nella volontà di Dio, affinché il Signore ci possa aprire la mente. Infatti, come possiamo osservare nel testo biblico, i discepoli sentivano *"ardere il cuore"* dentro di loro mentre Gesù apriva loro le scritture, finché all'improvviso, mentre ascoltavano, cominciarono a comprendere. Il loro cuore ardeva perché il processo della conoscenza stava crescendo dentro di loro come un fuoco. Tuttavia, affinché Dio potesse aprire loro la mente per comprendere, dovevano tornare a Gerusalemme, nel luogo dove Gesù aveva detto loro di rimanere, perché in quel momento i discepoli non si trovavano nella volontà di Dio. Questo vale anche per noi oggi: Dio non potrà aprire la nostra mente fin quando non saremo nella Sua volontà, come avvenne ai due discepoli che, subito dopo aver ascoltato le parole di Gesù, ritornarono a camminare nella via che il Signore aveva loro indicato di percorrere.

> **Luca 24:44** *Poi disse loro: "Queste sono le cose che io vi dicevo quand'ero ancora con voi: che si dovevano compiere tutte le cose scritte di me nella legge di Mosè, nei profeti e nei Salmi".*

Possiamo comprendere questo versetto considerando che *"tutte le cose scritte di me nella legge di Mosè"*, come abbiamo visto in precedenza, si riferiscono a tutto ciò che si legge, mentre *"nei profeti"* troviamo tutto quello che si ascolta e per finire *"nei Salmi"* troviamo tutto ciò che è connesso con il cuore.

Nei versetti precedenti Gesù non aveva fatto alcun riferimento ai Salmi perché essendo i discepoli *"lenti di cuore"* (Luca 24:25), non aveva potuto lavorare con il loro cuore. Successivamente però, quando iniziarono ad ardere di amore, ecco che Gesù aggiunse anche i Salmi, perché poteva iniziare a operare nel loro cuore. Possiamo comprendere meglio questo concetto considerando che Davide e Salomone furono uomini che la Bibbia descrive rispettivamente secondo "il cuore" e "la mente" di Dio. Infatti, leggiamo:

> **Atti 13:22** *Poi lo rimosse, e suscitò loro come re Davide, al quale rese questa testimonianza: "Io ho trovato Davide, figlio di Iesse, uomo secondo il mio cuore, che eseguirà ogni mio volere".*

> **1 Re 4:29** *Dio diede a Salomone sapienza, una grandissima intelligenza e una mente vasta com'è la sabbia che sta sulla riva del mare.*

Gesù si riferì ai Salmi poiché Davide, l'uomo secondo il cuore di Dio, fu lo scrittore principale di questo libro. Per analogia, dunque, quando la Bibbia si riferisce ai Salmi parla del cuore dell'uomo. Diversamente da Davide, suo figlio Salomone, uomo dalla mente vasta, scrisse la maggior parte del libro dei proverbi che sono infatti espressione di razionalità e intelligenza. Molto interessante che affinché lo Spirito possa arrivare alla mente di un credente, deve prima passare per il suo cuore.

> **Luca 24:45** *Allora aprì loro la mente per capire le Scritture...*

Gesù aprì innanzi tutto le Scritture ai discepoli; successivamente li portò nella volontà di Dio e infine aprì loro la mente attraverso le Scritture. Comprendendo le Scritture acquisiremo conoscenza e questo è esattamente il processo attraverso cui lo Spirito Santo ci aprirà la mente seguendo questo ordine: cuore, comprensione, conoscenza e potenza. Analogamente, dunque, affinché anche noi possiamo comprendere la Parola di Dio, è fondamentale che inizialmente qualcuno ci apra le scritture.

> **Luca 24:46-49** *"Così è scritto, che il Cristo avrebbe sofferto e sarebbe risorto dai morti il terzo giorno, e che nel suo nome si sarebbe predicato il ravvedimento per il perdono dei peccati a tutte le genti, cominciando da Gerusalemme. Voi siete testimoni di queste cose. Ed ecco io mando su di voi quello che il Padre mio ha promesso; ma voi, rimanete in questa città, finché siate rivestiti di potenza dall'alto".*

Dio non ci potrà dare la potenza se prima non ci avrà aperto la mente, perché attraverso la mente aperta ci darà conoscenza e questa determinerà a sua volta la potenza che potrà operare attraverso di noi.

> **Proverbi 24:5** *L'uomo saggio è pieno di forza, chi ha scienza accresce la sua potenza.*

9. La conoscenza nel mondo spirituale e naturale

Il principio spirituale in base al quale è impossibile che la luce possa mescolarsi con le tenebre ci aiuta a comprendere qualcosa di molto interessante:

> **Giovanni 1:10** *Egli* [la Parola] *era nel mondo, e il mondo fu fatto per mezzo di lui, ma il mondo non l'ha conosciuto* [ginosko].

Infatti, dal momento che le tenebre non comprendono e poiché *"tutto il mondo giace sotto il potere del maligno"* (1 Giovanni 5:19) anche il mondo non può conoscere Gesù. Il termine conoscere viene dal termine greco γινώσκω [ginosko] che vuol dire: conoscenza relativamente al contesto spirituale. Questa è la conoscenza che troviamo nei seguenti passi:

> **Matteo 7:23** *Allora dichiarerò loro: "Io non vi ho mai conosciuti* [ginosko]*; allontanatevi da me, malfattori!"*

> **1 Giovanni 4:8** *Chi non ama non ha conosciuto* [ginosko] *Dio, perché Dio è amore.*

Di conseguenza, coloro che sono amati da Dio sono conosciuti da Lui.

Oltre alla conoscenza spirituale c'è anche quella naturale che nel mondo fisico avviene attraverso l'unione sessuale tra marito e moglie: *"Perciò l'uomo lascerà il padre e la madre, e si unirà con sua moglie, e i due saranno una sola carne"* (Matteo 19:5). Applicando questo principio al versetto precedentemente citato possiamo comprendere perché il mondo non ha conosciuto Gesù, la Parola, perché le tenebre del mondo e la luce di Gesù non si possono mescolare. Non esiste il combattimento tra le tenebre e la luce. Poiché sappiamo che *"la rivelazione delle tue parole illumina"* (Salmi 119:130), se desideriamo riconoscere immediatamente quali sono le aree della nostra vita in cui non abbiamo rivelazione, basterà considerare le aree in cui subiamo facilmente degli attacchi da parte del nemico. Infatti, proprio quelle sono le aree in cui le tenebre prevalgono e pertanto saranno quelle su cui dovremo lavorare per permettere alla luce di Dio di entrare. Per qualcuno si tratterà della salute, per qualcun altro sarà il lavoro, per altri ancora il contesto familiare. Una volta riconosciute le aree in cui abbiamo bisogno di ricevere la luce di Dio, basterà andare alla scrittura, per meditare, comprendere e conoscere la verità che ci farà liberi (vedi Giovanni 8:32).

È fondamentale comprendere la Parola per poter poi proclamare consapevolmente "nel nome di Gesù" qualcosa che deve essere in accordo con la volontà di Dio per vedere cambiamenti efficaci e permanenti nella nostra vita, altrimenti nulla potrà cambiare. Una proclamazione efficace cambia l'atmosfera intorno a noi. Dobbiamo sempre ricordare che Dio creò tutto per mezzo della parola e che ogni volta che preghiamo in lingue lo Spirito Santo parlerà attraverso di noi. Anche se non vediamo, sappiamo che c'è un mondo spirituale intorno a noi. Se agiremo nel modo giusto, seminando il seme della Parola di Dio ovunque intorno a noi, utilizzando la razionalità e la logica che il Signore ci ha donato, potremo permettere alla Parola di Dio di trasformare la realtà a nostro favore. Quando dopo una proclamazione non accade nulla dobbiamo riconoscere di non aver avuto rivelazione e di essere ancora nelle tenebre. In questo processo ci sarà sempre un combattimento spirituale da affrontare, perché i demoni sconfitti proveranno sempre a sussurrarci all'orecchio parole contrarie alla Parola di Dio. Tuttavia, non dimentichiamo che potranno ingannare solo coloro che, non avendo conoscenza, non avranno *"lo scudo della fede"* e di conseguenza non potranno *"spegnere tutti i dardi infocati del maligno"* (Efesini 6:16).

> **Luca 18:34** *Ed essi non capirono [suniemi] nulla di tutto questo; quel discorso era per loro oscuro, e non capivano [ginosko] ciò che Gesù voleva dire.*

I discepoli di Gesù non riuscirono a comprendere spiritualmente (con lo spirito, non con la mente) e poiché non compresero, non riuscirono a conoscere. Ascoltarono soltanto tante parole ma non avendo lo Spirito Santo e non potendo di conseguenza ricevere rivelazione da quelle parole, non riuscirono a comprendere spiritualmente e dunque non riuscirono a conoscere. Poiché *"quel discorso era per loro oscuro"* non potevano essere liberi. Non è possibile conoscere quando non si comprende, dunque il percorso che ci porta al traguardo della conoscenza passa attraverso la comprensione.

1 Corinzi 2:14 *Ma l'uomo naturale non riceve le cose dello Spirito di Dio, perché esse sono pazzie per lui; e non le può conoscere, perché devono essere giudicate spiritualmente.*

L'uomo naturale che vive separato da Dio non può essere una sola cosa con lo Spirito Santo e non può comprendere le cose di Dio neanche umanamente perché, non essendo nato di nuovo, le cose spirituali per lui saranno soltanto pazzia. Infatti, come abbiamo visto, le tenebre non possono avere comunione con la luce e di conseguenza non possono neanche comprendere i principi spirituali della luce e, dunque, non possono conoscere le cose dello Spirito, perché queste devono essere giudicate spiritualmente. Una persona che non ha ricevuto lo Spirito Santo nel proprio cuore non può conoscere le cose di Dio perché non le può comprendere. La prima cosa da fare è dare il proprio cuore a Gesù Cristo affinché lo Spirito Santo diventi uno con il proprio spirito, infatti, *"chi si unisce al Signore è uno spirito solo con lui"* (1 Corinzi 6:17). Questa unione perfetta che Dio realizza avviene attraverso la nuova nascita, quando lo spirito dell'uomo vivificato si unisce allo Spirito Santo. Questa unione spirituale è molto importante perché è la chiave che permetterà al credente di conoscere le informazioni spirituali che dal cuore cominceranno ad arrivare alla sua mente.

10. La comprensione della parabola del seminatore

La comprensione ci connette alla vite per portare frutto. Quando i discepoli andarono da Gesù per chiedere spiegazioni relativamente alla parabola del seminatore Gesù rispose loro dicendo:

Marco 4:13 *Poi disse loro: "Non capite questa parabola? Come comprenderete* [ginosko] *tutte le altre parabole?"*

Interessante che il termine comprendere non è *suniemi*, la comprensione spirituale, ma *ginosko*, la conoscenza spirituale che indica il completamento e non l'inizio del processo. In pratica Gesù stava sottolineando l'importanza della comprensione della parabola del seminatore, il primo traguardo che il credente deve raggiungere per poter comprendere anche tutte le altre parabole.

Se desideriamo avere conoscenza riguardo alle parabole dobbiamo necessariamente comprendere perché, come abbiamo già visto nelle pagine precedenti di questo studio, la comprensione è il preludio della conoscenza. La parabola del seminatore è dunque la principale chiave di accesso per la comprensione.

Matteo 13:1-3 *In quel giorno Gesù, uscito di casa, si mise a sedere presso il mare; e una grande folla si radunò intorno a lui; cosicché egli, salito su una barca, vi sedette; e tutta la folla stava sulla riva. Egli insegnò loro molte cose in parabole dicendo: "Il seminatore uscì a seminare".*

La parabola è un insegnamento che possiamo collegare al concetto della doppia sapienza, un risultato molto importante che ogni discepolo di Gesù dovrebbe aspirare a raggiungere. Questo concetto della doppia sapienza è collegato a due tipologie di sapienza: la prima terrena, la seconda spirituale. Infatti, da un lato troviamo la sapienza umana che è quella che ogni persona acquisisce individualmente nel corso della propria esistenza e che proviene delle esperienze personali vissute. Dall'altro lato abbiamo la sapienza spirituale che nasce dalla rivelazione della Parola di Dio e che ci permette di mettere in pratica qualunque insegnamento che comprendiamo per rivelazione. In questo caso, l'insegnamento che Gesù stava trasmettendo ai suoi discepoli per mezzo della parabola del seminatore era qualcosa di applicabile sia al contesto fisico (attraverso la sapienza umana), sia a quello spirituale, (attraverso la sapienza spirituale della rivelazione). Ricordiamo che possiamo applicare la Parola di Dio soltanto al contesto spirituale.

> **Matteo 13:4** *Mentre seminava, una parte del seme cadde lungo la strada; gli uccelli vennero e la mangiarono.*

Questo versetto parla del mondo fisico mentre successivamente troviamo la corrispondente interpretazione spirituale che Gesù diede ai suoi discepoli:

> **Matteo 13:19** *Tutte le volte che uno ode la parola del regno e non la comprende, viene il maligno e porta via quello che è stato seminato nel cuore di lui: questi è colui che ha ricevuto il seme lungo la strada.*

Quando non comprendiamo ciò che ascoltiamo, il diavolo viene per rubare la Parola di Dio. Questa spiegazione fa comprendere chiaramente che *"gli uccelli"* di cui si parla in questa parabola spiritualmente sono dei demoni che agiscono in favore di satana, il maligno, e che si muovono per rubare il prezioso seme della parola di Dio dal cuore di tutti coloro che non comprendono. Satana sa quanto sia preziosa la conoscenza poiché *Dio dice: "il mio popolo perisce per mancanza di conoscenza"* (Osea 4:6). Rubando il seme della Parola che non viene compresa, satana impedirà a molti di raggiungere il livello della conoscenza, che porta vita spirituale, producendo invece morte poiché *"il ladro non viene se non per rubare, uccidere e distruggere"* mentre Gesù viene per tutti, *"affinché abbiano la vita e l'abbiano in abbondanza"* (Giovanni 10:10).

Nello studio *La guarigione dell'anima e la liberazione* troverete spiegazioni dettagliate sulle fortezze di cui la Bibbia parla: pensieri, ragionamenti e *"tutto ciò che si eleva orgogliosamente contro la conoscenza di Dio"*, dove spiego anche come abbattere e distruggere le fortezze con le armi potenti che Dio ci dà *"facendo prigioniero ogni pensiero fino a renderlo ubbidiente a Cristo"* (2 Corinzi 10:5). Relativamente a questo studio, voglio soffermarmi solo sull'ultima delle tre fortezze che satana cerca tenacemente di difendere – tutto ciò che si eleva contro la conoscenza di Dio. Il diavolo odia la conoscenza di Dio e cercherà in ogni modo di impedirci di comprendere perché così potrà facilmente dominare e distruggere la vita di qualunque persona prendendo il controllo della sua lingua.

Infatti, un credente senza conoscenza parlerà male, e sarà facilmente distrutto poiché *"morte e vita sono in potere della lingua"* (Proverbi 18:21). Analizziamo ora il secondo terreno in cui il seme cade:

Matteo 13:5-6 *Un'altra cadde in luoghi rocciosi dove non aveva molta terra; e subito spuntò, perché non aveva terreno profondo; ma, levatosi il sole, fu bruciata; e, non avendo radice, inaridì.*

Quando il seme cade nel terreno roccioso, subito germoglia ma appena spunta il sole si brucia per il forte calore, non avendo profondità di crescita. Questo terreno spiritualmente rappresenta una specifica categoria di credenti:

Matteo 13:20-21 *Quello che ha ricevuto il seme in luoghi rocciosi, è colui che ode la parola e subito la riceve con gioia, però non ha radice in sé ed è di corta durata; e quando giunge la tribolazione o persecuzione a motivo della parola, è subito sviato.*

Interessante che il testo biblico specifica: *"levatosi il sole, fu bruciata"*. Sappiamo che il fuoco si sviluppa quando ascoltiamo, comprendiamo e diventiamo una sola cosa con la Parola. Questo processo permette alla Parola di produrre fede nel cuore, mentre le prove che si affrontano diventano uno strumento attraverso cui la fede si purifica. Tuttavia, quando non si mette in pratica la parola, questa non potrà mettere radici in profondità. Infatti, in un altro passo possiamo leggere che:

> **Luca 6:47-48** *Chiunque viene a me e ascolta le mie parole e le mette in pratica, io vi mostrerò a chi assomiglia. Assomiglia a un uomo il quale, costruendo una casa, ha scavato e scavato profondamente, e ha posto il fondamento sulla roccia...*

Molto significativo che questa roccia (Gesù Cristo) non si trova in superficie ma possiamo arrivare a Lui soltanto scavando nelle profondità del terreno. Quando la tribolazione arriva e un credente non ha scavato nella profondità della roccia della Parola di Dio subito si svierà, perché la Parola non ha profondità nel suo cuore e quindi non potrà portare frutto. Il terzo tipo di terreno in cui il buon seme di Dio cade è quello che si trova tra le spine che, crescendo, lo soffocheranno:

> **Matteo 13:7** *Un'altra cadde tra le spine; e le spine crebbero e la soffocarono.*

Questa è l'interpretazione corrispondente:

> **Matteo 13:22** *Quello che ha ricevuto il seme tra le spine è colui che ode la parola; poi gli impegni mondani e l'inganno delle ricchezze soffocano la parola che rimane infruttuosa.*

Gesù ci fa comprendere che la Parola attraverso la quale Dio creò i cieli e la terra rimane infruttuosa quando le spine, *"gli impegni mondani e l'inganno delle ricchezze"*, penetrando nel cuore di un credente prendono il sopravvento e impediscono la crescita della Parola che così rimane infruttuosa. Per questo motivo è di fondamentale importanza che mettiamo le priorità di Dio nel giusto ordine. Il credente che corrisponde alla descrizione di questo tipo di terreno è una persona che ha compreso la Parola, ha acquisito conoscenza e inoltre è rimasto fermo nella tribolazione, ma che nel tempo ha cambiato le priorità nella sua vita, smettendo di mettere *"prima il regno e la giustizia di Dio"* (Matteo 6:33) per far spazio a *"impegni mondani e l'inganno delle ricchezze"*. Molto significativo che proprio l'inganno delle ricchezze fece cadere Lucifero. Per concludere abbiamo l'ultimo tipo di terreno, quello buono che porta frutto in diverse percentuali, infatti:

> **Matteo 13:8** *Un'altra cadde nella buona terra e portò frutto, dando il cento, il sessanta, il trenta per uno.*

Questa è la spiegazione corrispondente:

> **Matteo 13:23** *Ma quello che ha ricevuto il seme in terra buona è colui che ode la parola e la comprende; egli porta del frutto e, così, l'uno rende il cento, l'altro il sessanta e l'altro il trenta".*

Molto interessante che la comprensione è proprio ciò che permette di portare frutto, ma se non prestiamo attenzione alla Parola di Dio, se non la meditiamo, non la potremo comprendere. Dopo aver terminato il racconto della parabola del seminatore Gesù aggiunse le seguenti parole:

> **Matteo 13:9-11** *"Chi ha orecchi oda". Allora i discepoli si avvicinarono e gli dissero: "Perché parli loro in parabole?" Egli rispose loro: "Perché a voi è dato di conoscere i misteri del regno dei cieli; ma a loro non è dato".*

Abbiamo visto che i discepoli dovevano prima comprendere la parabola del seminatore per poter poi comprendere tutte le altre parabole. In questo contesto disse precisamente: *"a voi è dato di conoscere"* ma per poter conoscere dovevano prima comprendere; dunque, ai discepoli era dato di comprendere affinché potessero conoscere e comprendendo potessero portare frutto. Stessa cosa accade oggi anche a noi secondo lo stesso processo che parte dalla comprensione, passa per la conoscenza e infine produce frutto.

Matteo 13:12-15 *Perché a chiunque ha sarà dato, e sarà nell'abbondanza; ma a chiunque non ha sarà tolto anche quello che ha. Per questo parlo loro in parabole, perché, vedendo, non vedono; e udendo, non odono né comprendono. E si adempie in loro la profezia d'Isaia che dice: "Udrete con i vostri orecchi e non comprenderete; guarderete con i vostri occhi e non vedrete; perché il cuore di questo popolo si è fatto insensibile: sono diventati duri d'orecchi e hanno chiuso gli occhi, per non rischiare di vedere con gli occhi e di udire con gli orecchi, e di comprendere con il cuore e di convertirsi, perché io li guarisca".*

Molto interessante osservare che la guarigione è determinata dalla comprensione, che ci permette di essere attaccati alla vite, la Parola, Cristo. Infatti, in quanto tralci, siamo attaccati alla vite per mezzo della comprensione e come conseguenza riceviamo la natura di Dio che inizierà a scorrere dentro la nostra natura dandoci non solo salvezza, ma anche guarigione. Tutto dipende dal tipo di cuore che abbiamo, il terreno che accoglie il seme divino, perché quando il cuore è insensibile, la Parola non potrà essere compresa e di conseguenza non potrà portare frutto.

11. Un cuore nuovo capace di conoscere Dio

Quando Dio ci dà lo Spirito Santo toglie il cuore di pietra e lo sostituisce con un cuore di carne, capace di comprendere le cose spirituali:

Ezechiele 36:26 *Vi darò un cuore nuovo e metterò dentro di voi uno spirito nuovo; toglierò dalla vostra carne il cuore di pietra, e vi darò un cuore di carne.*

Il problema è che pur avendo ricevuto un cuore nuovo possiamo renderlo insensibile quando non vogliamo ascoltare la Parola di Dio.

> **Efesini 4:17-20** *Questo dunque io dico e attesto nel Signore: non comportatevi più come si comportano i pagani nella vanità dei loro pensieri, con l'intelligenza ottenebrata, estranei alla vita di Dio, a motivo dell'ignoranza che è in loro, a motivo dell'indurimento del loro cuore. Essi, avendo perduto ogni sentimento, si sono abbandonati alla dissolutezza fino a commettere ogni specie di impurità con avidità insaziabile. Ma voi non è così che avete imparato a conoscere Cristo.*

Possiamo imparare a conoscere Cristo, la Parola, facendo il contrario di ciò che fanno i pagani che, avendo perso ogni sentimento a motivo dell'indurimento del loro cuore, non hanno sensibilità spirituale e non possono provare i sentimenti che lo Spirito Santo suscita verso le cose di Dio e che trasmette soltanto a cuori morbidi, di carne. Noi cristiani nati di nuovo abbiamo questo cuore nuovo che non ci fa rimanere in una condizione di ignoranza relativamente alle cose di Dio. Non essendo ignoranti diventiamo partecipi della vita di Dio e di conseguenza non siamo più estranei alle cose spirituali perché non abbiamo più l'intelligenza ottenebrata. Infatti, non viviamo più nelle tenebre ma sappiamo ricevere la rivelazione delle sue parole che illumina e rende intelligenti i semplici (vedi Salmi 119:130) e ci fa conoscere e scegliere i pensieri di Dio. È possibile però che anche i credenti nati di nuovo si comportino come i pagani *"nella vanità dei loro pensieri, con l'intelligenza ottenebrata, estranei alla via di Dio a motivo dell'ignoranza"* che nasce dal cuore duro e dalla conseguente mancanza di qualunque tipo di sentimenti.

I tre concetti analizzati precedentemente relativamente all'importanza di ascoltare, vedere e sentire nel proprio cuore li ritroviamo nel seguente versetto:

Proverbi 4:20-22 *Figlio mio, sta' attento alle mie parole, inclina l'orecchio ai miei detti* [la parola rivelata]; *non si allontanino mai dai tuoi occhi* [cioè fissa lo sguardo nella Parola, Cristo, colui che crea la fede e la rende perfetta], *conservali in fondo al cuore; poiché sono vita per quelli che li trovano, salute per tutto il loro corpo.*

Possiamo nuovamente osservare che ciò che ascoltiamo, vediamo e sentiamo nel cuore sono cose strettamente collegate tra di loro e rappresentano un'importante chiave che permette a Cristo di aprire la porta della salvezza e della guarigione nella nostra vita. In aggiunta questo principio ci aiuta a comprendere ciò che la Bibbia afferma:

1 Corinzi 2:9 *Ma com'è scritto: "Le cose che occhio non vide, e che orecchio non udì, e che mai salirono nel cuore dell'uomo, sono quelle che Dio ha preparate per coloro che lo amano".*

Sappiamo che *"coloro che lo amano"* sono dei pastori secondo il cuore di Dio che pasceranno le Sue pecore con conoscenza e con sapienza (vedi Geremia 3:15) ed è soltanto per questi credenti che Dio ha preparato *"cose che occhio non vide, e che orecchio non udì, e che mai salirono nel cuore dell'uomo".*

12. La visione di Isaia

Prima di analizzare nello specifico la visione di Isaia, consideriamo il contesto in cui questa visione è inserita, in particolare il riferimento al re Uzzia che morì nell'anno in cui il profeta ricevette questa visione. Quel re cercò il Signore finché il profeta Zaccaria lo accompagnò e la Bibbia dice chiaramente che in tutto quel tempo Dio lo fece prosperare:

> **2 Cronache 26:5** *Si diede con diligenza a cercare Dio mentre visse Zaccaria, che aveva l'intelligenza delle visioni di Dio; e finché cercò il SIGNORE, Dio lo fece prosperare.*

Uzzia ebbe grandi idee ma poi si insuperbì e fece un grave errore:

> **2 Cronache 26:16** *Ma quando fu divenuto potente, il suo cuore, insuperbitosi, si pervertì, ed egli commise un'infedeltà contro il SIGNORE, il suo Dio, entrando nel tempio del SIGNORE per bruciare dell'incenso sull'altare dei profumi.*

A causa di quel gesto gli venne la lebbra e così quel re morì solo e malato anche se fu un uomo grandemente utilizzato da Dio:

> **2 Cronache 26:21** *Il re Uzzia fu lebbroso fino al giorno della sua morte e visse in una casa isolata, perché era lebbroso, poiché era escluso dalla casa dell'Eterno...*

In quello stesso anno della morte del re Uzzia Isaia ebbe una visione in cui vide il tempio di Dio dove il Signore sedeva sul suo trono, mentre i serafini cantavano l'un l'altro gridando *"Santo, santo, santo è l'Eterno degli eserciti. Tutta la terra è piena della sua gloria"* (Isaia 6:3). Il profeta fu così sopraffatto da quella visione che proclamò una maledizione di morte sulla sua vita:

> **Isaia 6:5** *"Guai a me, sono perduto! Perché io sono un uomo dalle labbra impure e abito in mezzo a un popolo dalle labbra impure; e i miei occhi hanno visto il Re, il SIGNORE degli eserciti!"*

Finché accadde che:

> **Isaia 6:6-7** *Ma uno dei serafini volò verso di me, tenendo in mano un carbone ardente, tolto con le molle dall'altare. Mi toccò con esso la bocca, e disse: "Ecco,*

questo ti ha toccato le labbra, la tua iniquità è tolta e il tuo peccato è espiato".

La maledizione proclamata fu cancellata dal tocco del carbone ardente, simbolo del sangue di Gesù che avrebbe in futuro cancellato il peccato. Infatti, in Cristo noi tutti siamo stati redenti dalla maledizione della legge perché Gesù scelse di diventare maledizione affinché noi diventassimo giustizia di Dio. In questo caso ci troviamo nell'Antico Testamento e ciò che la Bibbia ci presenta è ombra di ciò che sarebbe dovuto accadere con Cristo.

> **Isaia 6:8-9** *Poi udii la voce del Signore che diceva: "Chi manderò? E chi andrà per noi?" Allora io risposi: "Eccomi, manda me!" Ed egli disse: "Va', e di' a questo popolo: "Ascoltate, sì, ma senza capire; guardate, sì, ma senza discernere!"*

Finché ci fu il peccato, il profeta Isaia non potette ascoltare la voce del Signore ma soltanto quella dei serafini. In seguito, però, appena il peccato fu tolto, iniziò ad ascoltare direttamente la voce da Dio.

> **Isaia 6:9-10** *... "guardate, sì, ma senza discernere!' Rendi insensibile il cuore di questo popolo, rendigli duri gli orecchi e chiudigli gli occhi, in modo che non veda con i suoi occhi, non oda con i suoi orecchi, non intenda con il cuore, non si converta e non sia guarito!"*

Molto interessante e significativo che in questo passo biblico dell'Antico Testamento troviamo la descrizione che lo Spirito Santo fece del medesimo processo che Gesù spiegò dettagliatamente ai suoi discepoli, come abbiamo visto nelle pagine precedenti di questo studio. Naturalmente le parole di Isaia non avevano molto senso se analizzate soltanto in relazione al contesto di quel tempo. Alla luce del Nuovo Testamento però, tutto ciò che era solo ombra delle cose a venire, diventa molto chiaro e comprensibile.

13. La comprensione nell'Antico Testamento

Abbiamo visto che il termine greco per comprendere spiritualmente è *suniami*, mentre il corrispondente termine in ebraico è יָדַע [yada] e abbraccia i significati di entrambi i termini: comprensione e conoscenza.

Analizziamo adesso in modo più approfondito alcuni passi in cui compare il termine *yada*:

> **Proverbi 14:7** *Vattene lontano dallo stolto; sulle sue labbra certo non hai trovato* [yada] *scienza.*

Mentre sulla bocca di Gesù c'era la comprensione, questa non si potrà mai trovare sulla bocca dello stolto. Ricordiamo che Gesù dovette aprire la Parola mentre il cuore dei discepoli ardeva sulla via di Emmaus e infatti avevano dichiarato: *"Non sentivamo forse ardere il cuore dentro di noi mentr'egli ci parlava per la via e ci spiegava le Scritture?"* (Luca 24:32). Questo significa che affinché Dio ci possa aprire la mente per comprendere le scritture, ci dovrà essere qualcuno che ci apra le scritture, ma non potremo mai trovare qualcuno come Gesù nel mondo. Ecco perché la Bibbia ci esorta ad allontanarci dall'uomo stolto che appartiene al mondo perché nel mondo non troveremo mai quel tipo di conoscenza.

> **Salmo 73:16-17** *Ho voluto riflettere per comprendere* [yada] *questo, ma la cosa mi è parsa molto ardua, finché non sono entrato nel santuario di Dio, e non ho considerato la fine di costoro.*

Il contesto di questo versetto si riferisce a una persona che a motivo della prosperità dei peccatori si trovò in una situazione in cui quasi inciampò e allora cercò di riflettere (*yada*) per comprendere spiritualmente. Voleva capire ma non ci riuscì finché non entrò nel santuario. Quanto è importante avere la spiegazione chiara della Parola di Dio! Oggi viviamo nei tempi dell'intrattenimento e anche la chiesa, il corpo di Cristo, utilizza spettacoli con balli, luci, fumo, imitando le vie del mondo per cercare di portare persone a Cristo. Ai tempi di Mosè invece avveniva esattamente il contrario, infatti, erano quelli del mondo che cercavano di imitare i figli di Dio. I maghi, ad esempio, provarono a imitare i prodigi che fece per opera di Dio, ma come sappiamo ci riuscirono solo parzialmente. Dobbiamo riflettere molto attentamente perché la chiesa oggi vive soltanto di spettacolo, senza servire il corpo di Cristo. Pochi, infatti, sono i predicatori capaci di aprire la mente dei credenti per mezzo della Parola, per farli comprendere e permettere loro acquisire conoscenza. Dobbiamo meditare molto attentamente su questa condizione in cui tante comunità si trovano, considerando dove tutto questo ci potrà portare e con quali risultati.

L'esempio di Davide è molto significativo: quando non riuscì a comprendere iniziò a riflettere per capire come poter fare, ma non vi riuscì finché non entrò nel santuario. Questo vuol dire che per comprendere spiritualmente dobbiamo entrare in un luogo dove possiamo ascoltare una predicazione unta che potrà trasformare veramente la nostra mente. Il nostro desiderio dovrebbe essere questo per raggiungere lo stesso traguardo di Davide: il buon fondamento su cui costruire dimostrando allo stesso tempo di amare Dio insegnando e pascendo le sue pecore con conoscenza e sapienza.

> **Salmo 73:21-24** *Quando il mio cuore era amareggiato e io mi sentivo trafitto internamente, ero insensato e senza intelligenza; io ero di fronte a te come una bestia. Ma pure, io resto sempre con te; tu m'hai preso per la mano destra; mi guiderai con il tuo consiglio e poi mi accoglierai nella gloria.*

Possiamo osservare chiaramente che finché ci sarà oppressione non ci potrà essere comprensione. Ecco perché bisogna entrare nel santuario, nel luogo dove c'è rivelazione della Parola di Dio per poter comprendere. È fondamentale acquietare i propri sentimenti affinché la mente possa comprendere, perché solo grazie alla comprensione potremo fare le scelte giuste che ci porteranno verso il futuro di Dio.

> **Proverbi 24:13** *Figlio mio, mangia il miele perché è buono; un favo di miele sarà dolce al tuo palato.*

> **Proverbi 24:14** *Così conosci la saggezza per il tuo bene! Se la trovi, c'è un avvenire, e la tua speranza non sarà delusa.*

> **Geremia 29:11** *"Infatti io so i pensieri che medito per voi", dice il SIGNORE: "pensieri di pace e non di male, per darvi un avvenire e una speranza".*

Per riuscire ad avere questo futuro abbiamo bisogno della comprensione.

> **Proverbi 25:27** *Mangiare troppo miele, non è bene, ma scrutare le cose difficili è un onore.*

Ricevere troppa rivelazione non fa bene, perché sappiamo che *"la conoscenza gonfia, ma l'amore edifica"* (1 Corinzi 8:1). Questo vuol dire che ci vuole equilibrio tra la pienezza dello Spirito Santo e la rivelazione ma scrutare le cose difficili da comprendere è un onore per noi figli di Dio.

> **Salmo 119:103** *Oh, come sono dolci le tue parole al mio palato! Son più dolci del miele alla mia bocca.*

Ecco di nuovo il paragone tra il miele e la parola rivelata, infatti, ci sono due passi che confermano questo concetto nell'Antico e nel Nuovo Testamento:

> **Ezechiele 3:1** *Egli mi disse: "Figlio d'uomo, mangia ciò che trovi; mangia questo rotolo, e va' e parla alla casa d'Israele".*

Interessante che per parlare abbiamo bisogno di rivelazione. La rivelazione a sua volta produce la comprensione; la comprensione porta verso la conoscenza e attraverso la conoscenza raggiungiamo la potenza che si trova nell'unzione, ecco perché l'unzione è fondamentale per predicare: *"perché il SIGNORE mi ha unto per recare una buona notizia"* (Isaia 61:1).

Ezechiele 3:2-3 *Io aprii la bocca, ed egli mi fece mangiare quel rotolo. Mi disse: "Figlio d'uomo, nutriti il ventre e riempiti le viscere di questo rotolo che ti do". Io lo mangiai, e in bocca mi fu dolce come del miele.*

Questa è la rivelazione: un piacere all'anima che non ha prezzo.

Apocalisse 10:8-10 *Poi la voce che avevo udita dal cielo mi parlò di nuovo e disse: "Va', prendi il libro che è aperto in mano all'angelo che sta in piedi sul mare e sulla terra". Io andai dall'angelo, dicendogli di darmi il libretto. Ed egli mi rispose: "Prendilo e divoralo; esso sarà amaro alle tue viscere, ma in bocca ti sarà dolce come miele". Presi il libretto dalla mano dell'angelo e lo divorai; e mi fu dolce in bocca, come miele; ma quando l'ebbi mangiato, le mie viscere sentirono amarezza.*

Di nuovo, anche in questo brano, ritroviamo il concetto del miele e della parola da predicare, la rivelazione. La rivelazione è prerogativa esclusiva dei credenti spirituali, coloro che entrano nella terra promessa mentre i carnali sono coloro che muoiono nel deserto e non possono avere rivelazione, perché la rivelazione viene dal volgere il pensiero alle cose dello spirito.

Esodo 3:8 *Sono sceso per liberarlo dalla mano degli Egiziani e per farlo salire da quel paese in un paese buono e spazioso, in un paese nel quale scorre il latte e il miele…*

Questo versetto spiega chiaramente che nella terra promessa scorre *"il latte e il miele"* ma in essa entrarono solo gli spirituali, mentre la maggior parte del popolo morì nel deserto, luogo dove non c'era né latte né miele, ma soltanto la manna.

Dio aveva precedentemente parlato a Mosè spiegandogli dove desiderava portare il suo popolo. Anche oggi Dio desidera portare noi, suo popolo, fuori dalla schiavitù del peccato per farci entrare nel luogo della rivelazione della Parola di Dio e della comprensione, perché la comprensione porta frutto. Nella terra promessa c'era il frutto di vigne e di alberi da frutto che il popolo di Israele non aveva piantato e che rappresentano le rivelazioni, il frutto che noi portiamo essendo collegati a Cristo per mezzo della comprensione. Il frutto c'era solo nella terra promessa, e il frutto nasce dalla comprensione. La comprensione viene dalla rivelazione e la rivelazione rappresenta il miele che si trova solo nella terra promessa, luogo in cui entriamo quando diveniamo spirituali. Quando ci troviamo nel deserto, non avremo rivelazione ma soltanto manna.

> **Esodo 16:31** *La casa d'Israele chiamò quel pane manna; esso era simile al seme del coriandolo; era bianco, e aveva il gusto di schiacciata fatta col miele.*

Quel cibo non era rivelazione, aveva solo il gusto della rivelazione ma una cosa è avere rivelazioni personali; un'altra cosa, ben diversa, è vivere della rivelazione altrui.

14. Conclusione

Sappiamo che lo Spirito Santo parla al cuore, utilizzando la Parola che è *"la spada dello Spirito"* (Efesini 6:17) che produce conoscenza. Lo Spirito Santo lavora sempre con il cuore e i sentimenti, ma non possiamo fondare la nostra vita sui sentimenti che sono mutevoli. Ecco perché abbiamo bisogno della conoscenza che, influenzando positivamente i nostri pensieri, rinnovandoli, renderà stabili i nostri sentimenti. La strada verso la comprensione che ogni credente deve percorrere inizia con la meditazione della Parola di Dio e procede attraverso un'attenta e accurata lettura dei testi biblici. Quando prestiamo attenzione alla Parola interrogando il testo biblico attraverso domande intelligenti che ci permetteranno di ricevere rivelazione, comprenderemo.

Ricordiamo che la rivelazione si manifesta quando il sentimento si unisce con il pensiero e ci fa giungere alla comprensione. Quando comprenderemo avverrà che la comprensione porterà conoscenza. Quando un credente raggiunge il livello della conoscenza diventerà irremovibile, come una roccia, e non sarà più possibile che satana lo inganni. La comprensione spirituale che ci porta verso la conoscenza segue questo percorso: nasce dallo Spirito Santo, arriva al nostro spirito, dall'anima passa al cuore, dal cuore arriva alla mente. La comprensione nasce dal cuore, per questo motivo quelli del mondo, senza lo Spirito Santo, avendo un cuore di pietra, non possono comprendere spiritualmente (*suniami*) con il cuore, ma soltanto razionalmente (*katalambano*), attraverso la loro mente. Senza comprensione non si potrà acquisire conoscenza. La comprensione ci porta verso la conoscenza e la conoscenza, a sua volta, ci porterà verso la potenza di Dio. I miracoli, i prodigi che Dio può realizzare attraverso un ministro, non garantiscono l'integrità di quella persona. Tristemente molti credenti si fermano a questo livello senza considerate attentamente l'avvertimento che Gesù ci ha lasciato dicendo:

Matteo 7:22-23 *Molti mi diranno in quel giorno: "Signore, Signore, non abbiamo noi profetizzato in nome tuo e in nome tuo cacciato demoni e fatto in nome tuo molte opere potenti?" Allora dichiarerò loro: "Io non vi ho mai conosciuti; allontanatevi da me, malfattori!"*

1 Corinzi 8:3 *Ma se qualcuno ama Dio, è conosciuto da lui.*

Giovanni 21:15 *Quand'ebbero fatto colazione, Gesù disse a Simon Pietro: "Simone di Giovanni, mi ami più di questi?" Egli rispose: "Sì, Signore, tu sai che ti voglio bene". Gesù gli disse: "Pasci i miei agnelli".*

In pratica Dio non conosce coloro che fanno segni e prodigi ma soltanto coloro che lo amano a cui chiede di dimostrargli il proprio amore prendendosi cura delle sue pecore, pascendole con conoscenza e sapienza. Gesù non risuscitò degli uomini perché li amava, ma per compassione verso i loro congiunti che avevano subito una grave perdita. Sperimentare o assistere a un miracolo è un'esperienza certamente straordinaria che tuttavia non assicura a nessuno di ottenere il futuro di Dio nella propria vita. Possiamo dunque facilmente comprendere quanto sia importante saper dare priorità alle cose giuste davanti al Signore mettendo ordine nella nostra vita.

www.ingramcontent.com/pod-product-compliance
Lightning Source LLC
Chambersburg PA
CBHW052132150726
48002CB00006B/2587